Es gebe Engel unter uns!

M. AMAN

Es gebe Engel unter uns!

Kleine Geschichten 1996-2006

Bibliografische Information der Deutschen Nationalbibliothek
Die Deutsche Nationalbibliothek verzeichnet diese Publikation
in der Deutschen Nationalbibliografie; detaillierte bibliografische
Daten sind im Internet über http://dnb.d-nb.de abrufbar.

© 2021 M Aman
2. Auflage
Umschlagdesign, Satz
Herstellung und Verlag: BoD – Books on Demand, Norderstedt
ISBN: 9783754357767

Inhalt

Mein Fahrrad

Anfang Dezember, als Schnee und Kälte begannen, putzte ich mein Fahrrad und parkte es an einem geschützten Platz.

Nun sind mehr als drei Monate seit jenem Tag vergangen. In der Nacht vor dem Einschlafen erinnere ich mich, dass ich in dieser Zeit mehr als hundert Mal an meinem Fahrrad vorbeigegangen bin, ohne es anzublicken.

Ich verspreche mir, es morgen anzusehen, und beruhigt schlafe ich ein.

Wassermelone

Ich habe inzwischen ein gestörtes Verhältnis zu Wassermelonen. Das war nicht immer so. In meiner Heimat, dem Iran, genoss ich den Geschmack von Wassermelonen in den warmen Jahreszeiten. In den kalten Jahreszeiten genoss ich die Sehnsucht danach.

In der Nacht des Winteranfangs, der längsten Nacht des Jahres, bei uns Jalda-Nacht genannt, genießen wir die letzte sorgfältig aufbewahrte Wassermelone. Das ist gleichzeitig der Abschied von ihr.

Hier in Deutschland war das anders. Hier gibt es in allen Jahreszeiten Wassermelonen. Anfangs freute ich mich darüber und kaufte mir auch im Winter eine Wassermelone. Da geschah etwas, was ich nicht erwartete. Ich verlor allmählich die Sehnsucht nach ihr. Für einige Jahre boykottierte ich den Einkauf von Wassermelonen im Winter. Das half mir nicht. Ich hatte das Gefühl, ich mache mich damit nur lächerlich.

Globalisierung hat es ermöglicht, dass es auch im Winter Sommerfrüchte auf dem Markt gibt. Wahrscheinlich gibt es auch im Iran inzwischen Wassermelonen zu allen Jahreszeiten.

Ich habe nicht vor, mich damit abzufinden. Ich kaufe mir selten im Winter Wassermelonen. Eigentlich schmecken Wassermelonen im Sommer am besten.

Ein Haus

Ich hatte kein Zuhause. Und ich hatte einige Wörter, mit denen ich nichts anfangen konnte. Hin und her, hin und her, hin und her. Es fiel mir ein, ich baue mit ihnen ein Haus.

Ich habe eine gründliche Einstellung zu dem Wort Lust. Ich baute den Grund mit dem Wort Lust. Die Wände müssen stabil sein. Ich baute sie mit dem Wort Eigensinn. Fenster müssen mich mit der Welt verbinden. Ich baute sie mit dem Wort Traum. Das Dach gibt dem Haus erst einen Sinn. Ich baute es mit dem Wort Sinn. Die Haustür muss in mir Freude erwecken, wenn ich weggehe oder zurückkehre. Ich baute sie mit dem Wort Freude.

Das Haus ist fertig. Und mir ist das Wort Glück übriggeblieben. Ich schenke es euch.

In der Fußgängerzone

In der Fußgängerzone unserer Stadt kreuzen sich vier Straßen und eine Gasse mitten in der Stadt. Auf den Straßen laufen Leute parallel zueinander in eine Richtung oder in die entgegengesetzten Richtungen. In der Mitte unserer Stadt kreuzen sich die Wege der Passanten in allen möglichen Winkeln. Sie kommen aus verschiedenen Richtungen oder gehen in verschiedene Richtungen.

Und da befindet sich ein Mahnmal mit einer großen Uhr. Hier verabreden sich die Leute. Wenn du vorbeigehst, siehst du immer welche da stehen. Hier kreuzen sich Lebenswege.

Zwei Krankenpfleger

Hier arbeiten zwei Krankenpfleger. Erwin und Johan.

Bei Erwins Eintreten ins Zimmer ziehen sich Patienten aus Höfflichkeit halbhoch im Bett. Erwin ist zu allen nett. Er fragt Patienten nach ihrem Befinden. Wenn er das Fenster zuschließt, ärgert es keinen.

Das Kommen und Gehen von Johan erweckt weniger die Aufmerksamkeit von Patienten, außer dass sie mit ihm streiten, wenn er das Fenster zuschließen will. Und je nachdem, ob er eine gute oder eine schlechte Laune hat, nimmt der Streit ein gutes oder ein schlechtes Ende. Er fragt nicht immer nach dem Befinden von Patienten.

Patienten mögen Erwin. Sie mögen auch Johan. Auf eine andere Weise.

Seidenraupe

Ich sagte zu mir, setz dich hin, guck mal genau hin, warum deine Liebesbeziehung schief ging.

Ich war gerade dabei, herauszufinden, warum meine Liebesbeziehung schief gegangen war. Da fing ich eine neue Beziehung an und verwickelte mich in Schwierigkeiten.

Ich sagte zu mir, setz dich hin, guck mal genau hin, warum deine Liebesbeziehung schiefging.

Ich war gerade dabei, herauszufinden, warum meine neue Liebesbeziehung schiefgegangen war. Da fing ich eine andere Beziehung an und verwickelte mich in Schwierigkeiten.

Ich war eine Seidenraupe. Ich wollte mich in einen Schmetterling verwandeln.

Die Magie von Kindern

Einmal baten mich Freunde, auf ihr Kind aufzupassen. Es war ein vierjähriger Junge. Meine Freunde sollten etwas erledigen und konnten das Kind am Nachmittag nicht bei sich haben.

Der Junge erzählte mir, im Kindergarten habe die Erzieherin mit den Kindern über den Tod gesprochen. Und darüber, dass alle Menschen sterben können. Er erzählte mir dies alles nicht ohne Grund. Er beschäftigte sich schon mit dem Thema Tod. Und er hatte eine Erklärung. Er hatte sich einen wunderbaren Kompromiss ausgedacht, um der Erzieherin loyal zu bleiben und seiner Ängste Herr zu werden. Er erzählte mir, es sei wahr, dass alle Menschen sterben, aber seine Eltern sterben nicht.

Ich weiß nicht, ob es ein Einzelfall gewesen ist, oder es zur modernen Pädagogik gehört, Kinder in diesem Alter mit dem Thema Tod vertraut zu machen. Eins steht fest: Die Magie von Kindern ist stärker als die Rationalität von Erwachsenen.

Ein Waldstück in der Nähe

Bis zu dem Waldstück in der Nähe brauche ich zehn Minuten zu Fuß. Ich gehe manchmal dort spazieren. Ich erlebe den Wald jedes Mal anders. Ab und an setze ich mich auf eine Bank und rauche eine Zigarette. Die, die joggen, laufen an mir vorbei. Und die, die einen Spaziergang machen. Mal mit Hund.

Auf dem Fahrradweg fahren Radfahrer mal mit Helm, mal ohne. Und mal mit einem Kinderanhänger. Auch Doppelsattelfahrräder sehe ich ab und an. Das Zwitschern von Vögeln vermischt sich ins Dasein des Waldes. Ein weißer Schmetterling tanzt neben der Bank über den Gräsern am Rande des Fußweges.

Am Frühlingsanfang und im Herbst ist es hier am schönsten. Helle, zarte Blätterfarben. Junges Gras an Wegrändern. Hier und da Frühlingsblümchen. Und im Herbst erheitern hellbraune Blätter am Boden die Stimmung.

Mein altes Ich

Mein altes Ich bereitet mir Kummer. Es passt sich zu sehr der Realität an oder erklärt ihr den Krieg. Ich sage zu ihm, du mein liebes altes Ich, diese Strategie sei vielleicht in Notsituationen angebracht, aber ich befinde mich schon lange nicht mehr in einer Notsituation. Ich passe mich lieber nicht zu sehr der Realität an und erkläre ihr auch nicht den Krieg. Ich streite mit ihr, verhandele mit ihr, mal mache ihr Zugeständnisse, mal eben keine.

Ich möchte nicht verleugnen, dass ich auch Träger meiner Vergangenheit bin. Mein altes Ich hatte mir geholfen, Notsituationen in meinem Leben zu meistern. Es ist ein Freund von mir. Aber ich bin vor allem Träger meiner Gegenwart.

Dass es mich weiterhin begleitet, ärgert mich nicht. Ich stelle ihm ein Zimmer in meiner Wohnung zur Verfügung. Ab und an gehe ich zu ihm und plaudere mit ihm.

Totenmaske

Ein Gesicht. Eine Totenmaske sei auch ein Gesicht. Man stelle sich tot. Psychologisch bedeute es, man präsentiere sein Ich nicht. Politisch bedeutet es, man ist unterlegen und es liegt nicht im eigenen Interesse sich zu behaupten. Philosophisch bedeutet es, man existiere nach außen nicht.

Die Totenmaske ist ein Ersatzgesicht, wo einer in seiner Existenz bedroht ist. Hinter der Maske existiert man schon.

Man warte auf einen Tag, an dem es vielleicht mit der Bedrohung vorbei ist. Die Totenmaske ist eine Zwischenlösung. Zwischen einer Existenz, die da war, und einer, die vielleicht da sein kann.

Nicht ohne Risiko

Ich kann mir nicht leisten, die Liebe als Ich-Verlust zu erleben. Als Ich-Gewinn schon. Ist das Liebeserlebnis nicht ein Ich-Verlust und zugleich ein Ich-Gewinn? Ist die Liebe nicht eine Grenzüberschreitung?

Mach dir keine Sorgen! Falls du dich dabei verlierst, sorgt die Liebe dafür, dass du wieder zu dir findest. Nicht ohne Risiko. Du gehst durchs Feuer.

Ein sonniger Septembertag

Es war ein sonniger Septembertag. Ich kam die Treppe herauf, verließ die U-Bahn-Station. Ich war nun in West-Berlin.

Auf der Straße gingen zwei Frauen in kurzen Hosen. Sie leckten an ihrem Eis. Mein erster Eindruck von West-Berlin war erhellend. Wie in der Liebe beim ersten Blick. Ich bekam Lust auf ein Eis. Ich ahnte, in der Nähe müsste sich ein Eisladen befinden. Ich lief eine Weile umher und fand ihn. Ich kaufte mir ein Eis und bezahlte, ohne ein Wort gesprochen zu haben. Ich konnte noch nicht Deutsch sprechen. Ich atmete tief.

Drei Jahre voller Angst und Unsicherheit hatte ich hinter mir. Ich war erleichtert, mein Heimatland verlassen zu haben.

Ich hatte eine Telefonnummer von einem Genossen in West-Berlin. Ich rief ihn von einer Telefonzelle an. Er fragte mich, wo ich mich gerade befinde. Er sagte, welche Gebäude ich vor mir an der Straße sehe. Ich sagte, ich sehe ein Ladenschild mit der Aufschrift »Apotheke«. Ich spürte, dass er hilflos wurde. Er sagte, ich solle zur U-Bahn-Station zurückgehen und beim Ausgang auf ihn warten.

Heute, nach achtzehn Jahren, ist es wiederum ein sonniger Septembertag. Ein Mann hält ein Eis in der Hand und geht die Straße entlang. Ich kenne das Eiscafé. Hier ist mein Stadtteil. Ich gehe und kaufe mir ein Eis.

Ich habe sowohl positive als auch negative Erfahrungen in den Jahren hier mit Mitmenschen. Doch mein erster Eindruck beim Eintritt in dieses Land hält an. Wie die Spuren einer echten Liebe.

Im Totenreich

Unsere Beziehung war abgelaufen, aber irgendwie dauerte sie fort. Ich konnte nicht mit einer neuen anfangen, ohne dass sie sich in diese Beziehung einmischte.

Ich verlor die Lust darauf. Ich beschloss, in das Totenreich einzureisen. Da begegnete ich ihr wieder. Wir waren zusammen, bis wir zur Einsicht kamen, es wäre klug, uns zu trennen. Ich wachte aus dem Traum auf, oder aus dem Albtraum. Der Tod spuckte mich aus.

Später besuchte sie mich mal. Und ich machte mal einen Abstecher in das Totenreich. Sie war nicht mehr da.

Der Brotlaib

Er machte eine Reise in sich selbst. Er steckte einen Brotlaib in den Rucksack und machte sich auf die Reise. Unterwegs ernährte er sich vom Brot. Wenn er es aufgegessen hatte, war wieder ein Brotlaib in seinem Rucksack.

Eines Tages steckte er die Hand in seinen Rucksack. Es war kein Brot mehr da. Er bekam Angst und verzweifelte.

Nach ein paar Tagen steckte er die Hand in seine Tasche. Er fand eine Münze. Er ahnte, woher die Münze kam. Die Reise nach innen war gelungen. Er hatte seine äußere Souveränität zurückgewonnen. Die innere Souveränität war von Anfang an da. Er ging in die Bäckerei in der Nähe und kaufte sich einen Brotlaib. Als das Brot verbraucht war, war wieder eine Münze in seiner Tasche.

Der Schneeball

Im Winter, bei Schneefall, beobachtete ich Jugendliche auf der Straße.

Sie spielten Schneeballschlacht. Ich geriet zwischen sie. Sie trafen auch mich mit einem Schneeball.

Schneefall begeistert mich. Der erweckt die Sehnsucht nach meiner Jugend in mir. Beim Vorbeigehen an Vorgärten in unserer Straße nahm ich etwas Schnee in die Hand und formte ihn zu einem Schneeball. Ich ließ ihn nach einer Weile fallen.

Der Mangel

Ich war im Supermarkt. Ich kaufe da einmal in der Woche ein. Ich hatte alles im Einkaufswagen und stand in der Schlange an der Kasse. Einige Kunden standen vor mir. Ein Mädchen und ein Junge waren an der Kasse. Sie konnten nicht alles bezahlen, was sie im Einkaufswagen hatten. Sie redeten miteinander und überlegten, was sie zurücklegen sollten. Die Kassiererin half ihnen, damit sie mit dem Geld, das sie dabei hatten, zurechtkamen.

Ich ärgerte mich, dass ich länger in der Schlange warten sollte. Dann hatte ich ein seltsames Gefühl. Ich fand es interessant, was da vor sich ging. Auf einmal war Einkaufen mehr als Einkaufen.

Hätten das Mädchen und der Junge ausreichend Geld gehabt, wäre so was nicht passiert. Der Mangel macht das Leben interessant.

Etwas Freude

Ich schrieb eine Geschichte. Sie gefiel mir nicht. Sie war nicht gelungen. Ich schmiss sie nicht weg.

Ich schrieb eine andere Geschichte. Auch sie gefiel mir nicht. Auch sie war nicht gelungen. Ich schmiss auch sie nicht weg. Ich möchte euch nicht Kopfschmerzen bereiten. Ich schrieb weiterhin Geschichten.

Eines Tages merkte ich, ich denke mit Freude an meine letzte Geschichte. Ich mischte allen meinen Geschichten etwas Freude bei. Ich bekam das Gefühl, nun seien alle gelungen.

Beim Einkaufen

Die Artikel auf dem Einkaufsband verraten vieles über die Menschen. Nicht nur die einzelnen Artikel, viel mehr deren Kombinationen unter einander verraten die Gewohnheiten und Vorlieben von Menschen.

Ohne dass ich die Absicht habe, werfe ich gelegentlich einen Blick in den Einkaufswagen fremder Leute. Meine Eindrücke sind erstaunlich. Immer wieder erlebe ich eine Überraschung. Immer wieder erlebe ich etwas Neues.

Der Einkaufswagen stellt eine Seite von uns dar, die ansonsten in der Art im Verborgenen bleibt. Wir stellen uns beim Einkaufen unweigerlich zur Schau.

Sonnenschein

In diesem Jahr haben wir selten sonnige Sommertage. Es regnet, oder der Himmel ist bewölkt und dazwischen ein paar sonnige Tage.

Wenn die Sonne scheint, werden die Straßen bunter. Frauen und Mädchen kleiden sich freizügiger. Wenn die Sonne wie in diesem Jahr selten da ist, werde ich nervös, doch wenn sie scheint, gehe ich lieber in den Schatten. Ich bin ein Südländer. Da scheint die Sonne im Sommer satt. Hier genieße ich im Sommer die Helligkeit von Tagen.

Im Frühling und im Herbst fliehe ich nicht vor dem Sonnenschein, ich genieße es, in diesen Jahreszeiten in der Sonne zu sitzen.

Marx

Mein Freund versorgt seine zwei Söhne. Er kocht ihnen ein gutes Mittagessen, wenn sie von der Schule kommen. Sein großer Sohn, ein Abiturient, versorgt ihn mit deutschsprachiger Literatur.

Er erzählt ab und an von seinen neu erworbenen Erkenntnissen. Neulich erzählte er mir, Deutsche haben Bismarck und Marx als die bedeuteten deutschen Persönlichkeiten bezeichnet und Engländer Marx als einen der bedeutendsten Philosophen.

Wir diskutierten über Marx. Ich sagte, Marx strebte gesellschaftliche Veränderungen an, aber er habe sich selber dabei weniger als einen Teil dieser Veränderungen miteinbezogen. Mein Freund meinte, Marx habe als Wissenschaftler konvergent zu sein, aber als Philosoph sollte er nicht die Kritik über sein eigenes Wissen außer Acht lassen.

Ich bin nun der Meinung, dass es unsere Aufgabe sei, unsere Eindrücke von Marx zu verändern, damit wir unserer Gegenwart gerecht werden.

Erdkugel

Erdkugel. Ich drehe sie und lege die Fingerspritze auf den Iran. Hier bin ich geboren. Hier war ich. Ich drehe wieder die Erdkugel und lege die Fingerspritze auf Deutschland. Hier bin ich. Ein handgreifliches Schicksal. In meinen Gedanken reise ich in Sekundenbruch hin und her. In Wahrheit liegt eine fünfstündige Strecke mit dem Flugzeug dazwischen.

Ich fühle mich den beiden Kontinenten zugehörig. Dem Asien und dem Europa. In meiner Sprache überbrücke ich sie. Ein sprachbegreifliches Schicksal.

Warum haben sie
meine Erinnerungen so geprägt?

Ich sah sie oft zusammen. Man hätte vermutet, sie seien ein Paar. Sie waren aber kein Paar. Sie spielten auch zusammen Schach. Ich begegnete ihnen im Schachspielraum. Der lag der Bibliothek gegenüber. Zwischen den Vorlesungen verbrachte ich meine Zeit da.

Es war Ende der sechziger Jahre. Bei uns studierten nur einige Mädchen. Selbst das war damals etwas Neues. Ich studierte an der Technischen Universität Ariamehr in Teheran. Mädchen waren untereinander befreundet. Wir Jungen sprachen wenig über Mädchen, wenn wir zusammen waren. Wahrscheinlich sprachen auch Mädchen wenig über uns.

Die Mehrheit der Studenten interessierte sich für ein bürgerliches Leben nach dem Studium. Für einen Job, für eine Frau, für ein Haus und ein Auto. Ich war dabei zu rebellieren. Die 68er Bewegung hatte auch bei uns im Lande einiges in Bewegung gesetzt. Studentenproteste, Bildung von Geheimzellen oder Geheimzirkeln, Austausch von verbotener Literatur.

Nun bin ich in Deutschland. Und ich bin dabei, meine Rebellion zu verstehen. Die Szene, in der sie an einem kleinen runden Tisch saßen und Schach spielten, ist stark in meinen Erinnerungen geblieben. Ausgelassen und ernst, sanft und unkonventionell. Ich denke gerne an sie. Sie stellten eine andere Seite von jenen Jahren im Iran dar. Eine sanfte Seite.

Der Teppich

Seit ein paar Jahren habe ich ihn in meinem Zimmer. Die hell-warmen Farben an ihm gefielen mir. Der stand im Laden im Sonderangebot. Der war nicht so teuer. Ich kaufte ihn. Der Verkäufer meinte, der stamme aus Wiss, einer Provinz von Tabriz in Iran.

Nach und nach bemerkte ich ihn genauer. Hin und wieder entdeckte ich Fehler an ihm. Besser gesagt, die Abweichungen von einem fehlerfreien klassischen persischen Teppich. Hier war die Farbe nicht identisch, da fehlte ein Gegenentwurf. An einigen Stellen waren Entwürfe leicht deformiert.

Ich stellte mir vor, in welcher Stimmung die Teppichweberin war, als sie an dem Teppich arbeitete. Es fehlte ihr eine Farbe und sie nahm eine andere als Ersatz. Mal träumte sie bei der Arbeit und hatte einen winzigen Entwurf außer Acht gelassen. Mal hatte sie keine Lust, Knoten exakt zu zählen und wich dabei von den ursprünglichen Entwürfen ab.

Ich stamme auch aus einer Provinzstadt in Iran und bin wie der Teppich hier gelandet. Die Fehler am Teppich assoziiere ich mit den Fehlern an mir selbst. Ich finde den Teppich trotz allen Fehlern an ihm schön. Der gibt meinem Zimmer eine vertraute hellwarme Atmosphäre. Ob ich auch mich selbst trotz aller Fehler an mir schön finde, weiß ich nicht recht. Und ich weiß auch nicht recht, ob die Teppichweberin den Teppich schön fand, als sie ihn fertig gewoben hatte.

Erinnerungskette

An einigen Stellen ist sie verrostet. Sie waren verletzt und haben der Vergänglichkeit nicht standgehalten. Ich tausche sie mit Gegenerinnerungen um. Auch sie tragen Verletzungen an sich. Ich bemale sie mit Farben der Gegenwart. Mit der Farbe meiner Heiterkeit.

Erinnerungen bleiben Erinnerungen. Ihre Farben ändern sich. Etwas Bitteres bleibt bitter, aber es verletzt uns nicht erneut. Im Lichte unserer Heiterkeit.

Einmal

(Anlässlich der Weltausstellung Expo 2000 in Hannover)

Einmal besuchte mich ein Narzisst. Wir tauschten unsere Hemden aus. Als er weg war, wusch ich sein Hemd und hängte es in meinem Kleiderschrank auf.

Einmal besuchte mich ein Verführer. Wir tauschten unsere Hemden aus. Als er weg war, wusch ich sein Hemd und hängte es in meinem Kleiderschrank auf.

Einmal besuchte mich ein Nihilist. Wir tauschten unsere Hemden aus. Als er weg war, wusch ich sein Hemd und hängte es in meinem Kleiderschrank auf.

Einmal besuchte mich ein Masochist. Wir tauschten unsere Hemden aus. Als er weg war, wusch ich sein Hemd und hängte es in meinem Kleiderschrank auf.

Einmal besuchte mich ein Sadist. Wir tauschten unsere Hemden aus. Als er weg war, wusch ich sein Hemd und hängte es in meinem Kleiderschrank auf.

Mein Kleiderschrank ist nun eine Weltausstellung!

Im grauen Hintergrund

Im Sommer sind die Straßen farbenreich. Frauen kleiden sich bunt. Im Winter hindert die Kälte sie daran, farbenreiche Kleidung zu tragen.

Für Kinder ist es kein Hindernis. Sie tragen auch in Winter helle farbige Kleidungen. Die fällt auf. Das prägt sich den Augen ein. Eltern machen mit. Als ob sie sagen würden, im grauen Hintergrund sind wir farbenfroh.

Anderswo

Verzweiflung ist ein Konflikt zwischen der Vernunft und der Gefühlslage. Sie stimmen einfach miteinander nicht überein. Ich rufe meine Traumwelt zu Hilfe. Die Realwelt überfordert mich. Ich bleibe in der Realwelt. Die Traumwelt nimmt der Realwelt ihren Stacheleffekt ab oder vermildert ihn. Man könnte sagen, ich stehe mit einem Fuß in der Realwelt, mit einem anderen in der Traumwelt.

Das kann zu meinem Untergang führen oder auch zu einer Befreiung von der Verzweiflung. Je nach dem, ob ich aufgebe, oder an meiner Vernunft weiterarbeite und an eine neue Vernunft herankomme. Dabei verändert sich auch die Gefühlslage.

Ich habe mir das Fliegen in der Kindheit beigebracht. Auch da stimmte nicht alles.

Wie ungewöhnlich

Seit zwei Tagen regnet es ununterbrochen. Die Bauarbeiten im Innenhof sind fast fertig. Der Bauunternehmer hat an unseren Wohnungen Außenbalkone errichten lassen. Ein Teil der Wiese im Innenhof ist wegen der Bauarbeiten verwüstet worden.

Arbeiter haben den Boden geebnet und mit Platten einen Fußweg durch die Wiese errichtet. Der Boden ist noch nicht geebnet. Das Regenwasser steht noch hier und da in den Pfützen.

Heute Morgen sah ich eine Ente in einer Pfütze. Es kam mir ungewöhnlich vor. In dieser Jahreszeit kommen zwei Enten hierher. Sie legen Eier irgendwo im Hoff. Ich erinnre mich an meine Jugendzeit. Da badeten wir in jedem Bach in unserer Heimatstadt. Es war üblich es zu tun, doch aus heutiger Sicht scheint es mir ungewöhnlich. Und es erinnert mich an die Szene, der ich mehrfach begegnet bin. Kinder auf der Straße sitzen auf Betonplatten über den Mülltonen. Es kommt mir ungewöhnlich vor. In unserer Heimatstadt waren dafür Sitznischen an beiden Seiten von Eingangstüren vorgesehen.

Im Vorsaal der Bibliothek

Auf dem Tresen liegt ein Rucksack. Dahinter vor den Schränken verrichtet eine Frau ihr Mittagsgebet. Sie hat einen bunten Rock und ein weißes Kopftuch an.

An einem Tisch vor der Bibliothek sitzt eine andere Frau. Neben ihr, auf einem Stuhl, liegt eine Plastiktüte. Darin steckt eine dunkelrote Rose.

Vor der Bibliothek unter einem Baum plaudert eine in Schwarz gekleidete Frau mit einem Mann. Sie trägt ein Kopftuch und hat ein helles Gesicht. Eine Großmutter sitzt auf einer Bank unter einem Baum. Sie hat ein belegtes Brötchen in der Hand und beißt davon ab. Ihr Blick richtet sich auf einen Kinderwagen vor ihr. Eine Afrikanerin in einem hellbraunen Kleid geht vorbei.

Das Haushaltsdefizit

Der Staat hat hier Haushaltsdefizite. Nach jeder Legislaturperiode streiten Parlamentarier darüber, ob das Haushaltsdefizit verringert oder erhöht werden soll.

Ich habe auch Haushaltdefizite. Ich erlebte gute und schlechte Jahre und werde sie wieder erleben. Haushaltsdefizite sichern meinem Leben eine Kontinuität, wie beim Staat.

Ich fürchte mich nicht. Und ich achte darauf, dass sie nicht zu sehr steigen. Sonst würde ich über eine schwache Währung bei meiner Haushaltsführung verfügen.

In dieser Stadt

Es ist wieder ein Jahr her. Heute wurde es mir bewusst, beim Plaudern mit einem Freund, ich habe mehr Zeit in dieser Stadt verbracht, als in meiner Heimatstadt, wo ich geboren bin. Nun fühle ich mich in dieser Stadt, in der ich wohne, heimisch.

In meiner Heimatstadt machte ich mich auf eine Reise in die Welt. Die Reise endete hier. In dieser Stadt machte ich mich auf eine Reise in meine innere Welt. Die Reise brachte mich in meine Heimatstadt. Ich gewann einen zweiten Blick auf meine Heimatstadt.

Dateiname »Freude«

Ich blende meinen Optimismus ein. Meinen Pessimismus lasse ich im Hintergrund laufen, damit ich rechtzeitig auf ihn zurück-greifen kann.

Ich bearbeite Dateien aus der Gegenwart. Nach der Bearbeitung speichere ich sie unter dem Dateinamen »Freude«.

Vor einem Monat

Vor einem Monat hatte ich eine Menge Hoffnung. Ich dachte, da ich zu viel Hoffnung habe, kann ich mit mir großzügig umgehen. Heute merkte ich, ich habe ein wenig Hoffnung und eine Menge Verzweiflung. Ich hatte kein gutes Gefühl.

Ich nehme mir vor, wieder Hoffnung zu tanken. Und die Verzweiflung? Ich werde nicht streng mit mir sein. Mit dir auch nicht. Meine Verzweiflung ist keine blinde Verzweiflung.

Ich gehöre zu den Unteren

Ich gehöre zu den Unteren. Ab und zu gehe ich ins Kino. Die Stuhlreihen im Kino erinnern mich an Hierarchien in der Gesellschaft, in der ich lebe. Mein Platz befindet sich in den unteren Reihen.

Ich bin ein Mann. Es ist schön ein Mann zu sein! Ich verliebe mich in eine Frau. Ich bin ein Bürger. Es ist vielseitig, ein Bürger zu sein! Ich lebe alle meine Seiten aus. Ich bin hier ein Fremder. Es ist anspruchsvoll, anders zu sein! Ich beobachte die Gesellschaft aus einer Außenposition. Ich bin ein Dichter. Es ist sinnvoll, ein Dichter zu sein! Ich teile den anderen meine Eindrücke mit.

Eine andere Welt

Ich engagiere mich für eine andere Welt. Und ich verliere die Welt nicht aus den Augen. Einst engagierte ich mich für eine andere Welt und habe dabei die Welt aus den Augen verloren. Ich dachte zu viel an eine andere Welt.

Die andere Welt existiert schon in dieser Welt. Es ist schön, sich für etwas zu engagieren, was es schon gibt. Und es ist schön, sich für etwas zu engagieren, was noch nicht da ist. Ich bin mir doch nicht sicher, ob es eine andere Welt geben wird. Das ist für mich kein Grund, nicht fröhlich zu sein.

Mein Gott

Mein Gott fährt mit der U-Bahn. Er findet Autos und Motorräder gut. Er mag Leute, die Fahrrad fahren.

Mein Gott hört klassische Musik und Jazz. Mein Gott mag Popmusik. Er trägt Jeans. Er schenkt einer Frau im Rock Aufmerksamkeit. Er schenkt auch einer Frau mit Kopftuch Aufmerksamkeit.

Gelegentlich fährt er mit dem Taxi. Er mag Abweichler. Sie gehen ihren eigenen Weg. Mein Gott ist ein Freund des Lebens. Das Leben hat viele Gesichter.

Ich habe Hoffnung

Ich habe Hoffnung. Und ich bin ein Realist. Ich lasse meinen Pessimismus im Hintergrund laufen. Damit lasse ich meine Hoffnung nicht im Stich. Vielmehr ergänzt mein Pessimismus meine Hoffnung.

Immer, wenn ich das Reale aus den Augen verliere, nimmt früher oder später meine Hoffnung einen Schaden an. Ist das nicht so, dass die Hoffnung nicht nur unseren Träumen, sondern auch der Wirklichkeit zugrunde liegt?

Unter dem Vollmond

Es ist Mitte März. Und für diese Jahreszeit ungewöhnlich kalt. Minus sieben Grad. In der City, in der Fußgängerzone spielt ein Musikant Klavier. Es ist Abend und Vollmond. Ich bin mit einem Freund unterwegs. Er erzählt, dass er sich nach seiner Freundin sehnt. Und dass sie nicht mal eine anständige E-Mail-Adresse hat. Seine E-Mail an sie hat er zurückbekommen.

Die Magie von Pianoklängen unter dem Vollmond in einer kalten Nacht hat mich angezogen und ich höre dem Freund nicht mehr zu.

Vor der Universität

Vor der Universität Fachbereich Literaturwissenschaften sucht eine junge Frau auf der Wiese neben dem Gehsteig nach zarten Blümchen. Sie hat ein Heft in der Hand. Etwas weiter von ihr stehen zwei Frauen an der Bushaltestelle. Eine von ihnen ist ungeduldig und schaut auf ihre Uhr.

Es ist ein sonniger Tag im Mai. Ich empfinde den Mai als den besten Monat des Jahres in Deutschland. Wenn es sonnig ist, ist es sehr angenehm warm. Nicht zu viel und nicht zu wenig. Und falls es regnet, ist es angenehm kühl.

An der Bushaltestelle ist ein Plakat für eine Open-Air-Veranstaltung zu sehen.

Wir sitzen vor einem Café

Wir sitzen vor einem Café. Es ist ein sonniger Tag. Die Kellnerin ist eine Frau mit Migrationshintergrund. Wir bestellen Kaffee. Mein Freund, ein Lyriker, erzählt über die Mystik in den Werken von Rainer Maria Rilke. Ich erzähle ihm über poetische Momente im Alltag und darüber, dass wir für solche Momente offen sein sollten. Mein Freund sagt bestätigend: ein drittes Auge. Eine Frau mit Fahrrad fährt an uns vorbei. Später kehrt sie wieder zurück.

Beim Verlassen des Lokals bemerke ich eine Frau an einem Tisch. Sie schreibt in ein Heft.

Meine Generation

Meine Generation wollte die Welt verändern. Es ist uns teilweise gelungen, sie zu verändern. Die Welt sieht nun teilweise anders aus als in den fünfziger Jahren. Und die Welt hat uns teilweise verändert. Wir denken nun teilweise anders.

Nun stehe ich vor der Aufgabe, mein Leben zu verändern. Es ist nicht leichter, als die Welt zu verändern. Ich habe nun eine Vorgeschichte. Eine Vorgeschichte zu verändern ist schwieriger, als an einer Geschichte teilzunehmen.

Es ist der 9. Juni 2006

Es ist der 9. Juni 2006. In einer Stunde wird die Fußballwelt-meisterschaft 2006 in Deutschland eröffnet. Deutschland wird gegen Costa Rica in München spielen. In der Innenstadt feiern deutsche Fans. Einige Passanten haben die deutsche Fahne aufs Gesicht gemalt.

Ich kaufe mir ein Ticket und fahre mit der U-Bahn nach Hause. Die Bahn ist nicht dicht besetzt. Unterwegs fliegt unerwartet ein kleines weißes Wesen vor mir hinweg. Ein Mädchen folgt ihm schnell und fängt es geschickt mit den Händen, bevor es die Sperrgrenze von der U-Bahn-Station erreicht. Sie hält es verborgen in den Händen. Sie lehnt es ab, es einem anderen Mädchen, das ihm begleitet, zu zeigen. Ich frage eine Frau, die neben mir steht, ob es ein Schmetterling war. Sie sagt nein, es war ein Spatz.

In eineinhalb Stunden beginnt das erste Spiel. Ich gerate in Versuchung, meinen Fernseher aus dem Keller zu holen und das Spiel zu verfolgen. Ich habe das Gerät vor einigen Jahren in den Keller verbannt! Ich leiste Widerstand und der Fernseher bleibt weiterhin im Keller. Ich bin sowieso kein großer Fan von Fußball.

An einem See

Ich sitze an einem See und warte auf den Sonnenuntergang. Heute war der Himmel gnadenlos klar. Ich bin gespannt, ob die Sonne beim Untergang die Farbe Purpur annimmt. Neben mir liegt mein Fahrrad auf dem Gras.

Ein Mann und eine Frau setzen sich auf eine Bank neben mir. Sie lecken an ihrem Eis. Drei Enten schwimmen im Wasser. Ein Paar bleibt vor mir direkt am See stehen. Der Mann wirft dem Hund ein Holzstück ins Wasser. Der Hund holt es. Der Hund schüttelt sich. Sie ziehen weiter.

Ein Junge geht an mir vorbei, bleibt stehen, filmt mit der Videokamera den See. Die Sonne ist schon untergegangen. Sie hat die Farbe Purpur nicht angenommen. Die Farbe Orange schon.

Unterwegs

Ich habe noch eine halbe Stunde Zeit bis zu meiner Verabredung. Unterwegs setze ich mich auf eine Bank in einem Altfriedhof. Vor mir auf der Wiese liegt ein Grabstein. Etwas weiter von ihm sitz ein Mann auf der Wiese. Er liest in einer Zeitung. Neben ihm eine Wasserflasche.

Ich werde neugierig, stehe auf und lese die Schrift auf dem Grabstein. Der Mann lebte im 18. Jahrhundert. Nun ist er mit der Erde unter dem Grabstein vereint. Ich frage mich, wie er gelebt habe, ob er ein Abenteuer erlebt habe, eine Liebe oder ein Trauma.

Der Mann, der Zeitung las, zieht seine Socken an und macht sich auf den Weg. Ich nehme mein Fahrrad und gehe zu meiner Verabredung.

Ich hatte ein Problem

Ich hatte ein Problem. Daraus entwickelte sich ein zweites Problem. Aus dem zweiten entwickelte sich ein drittes. Aus dem dritten ein viertes und aus dem vierten ein fünftes.

Ich merkte, dass das fünfte Problem auch eine Lösung war. Dann wäre damit auch das erste Problem eine Lösung.

Ja! Probleme sind auf einer anderen Ebene Lösungen. Wir wollen ja nicht immer auf einer Ebene verharren!

Im Traum

Ich würde sie gerne einladen und die Geschichte, die ich mit ihr erlebte, Revue passieren lassen. Aber sie ist weggelaufen. Ich habe eine abgebrochene Geschichte hinter mir.

Ich begegne ihr im Traum. Ich weigere mich, sie im Traum anzublicken. Sie weigert sich, mir zuzuhören. Ich gebe nicht auf. Ich begegne ihr ein anderes Mal. Schließlich schaue ich sie an. Und sie hört mir zu.

Ich habe eine Geschichte hinter mir. Aus meiner heutigen Sicht.

Allerdings

Ein Riss. Ein Riss bedeutet, du trägst etwas in dir, womit du nicht fertig geworden bist oder werden konntest. Etwas, was du versteckt hast, und zugleich wusstest, dass es da war. Versteckter Selbstzweifel. An sich wäre das nicht so gefährlich. Aber wenn du unter diesen Bedingungen am Leben teilnimmst, könnte es gefährlich werden. Du könntest dir das Bein brechen, genauer gesagt, du könntest ein Bein verlieren. Und du verlierst es, da du so oder so am Leben teilnimmst.

Glücklicherweise lassen Risse sich heilen. Allerdings, nicht ohne eine Leidensgeschichte. Allerdings ohne Gewähr! Vielleicht ist das Leben deshalb so interessant.

Zwei Wörter

Ich habe eine Allergie gegen zwei Wörter. Sich abgrenzen und sich einmischen.

Wenn ich morgens das Haus verlasse, soll ich mich stets von einer Person oder von der anderen abgrenzen. Ich soll mich stets in diese oder jene Angelegenheit einmischen. Ich würde streiken. Das mache ich nicht mehr mit.

Dabei sind diese Wörter, sich abgrenzen und sich einmischen, nicht ursächlich für die Allergie. Der Grund ist die Art und Weise, die die Leute von mir erwarten, und die Art und Weise, die ich selber von mir erwarte, falls ich mich abgrenze, oder mich einmische.

Also, ich werde meine Erwartungen und deine Forderungen korrigieren. Ist das nicht wiederum eine Abgrenzung und eine Einmischung?

Das Heilmittel

Es geschah einmal. Ich wusste nicht, wie es hieß. Es geschah ein anderes Mal. Mit der Zeit verlor mein Glück an Tiefe und an Farbe. Letzten Endes stand ich meinem Unglück gegenüber. Es hieß Unglück.

Unglücke gehören zum Leben. Vielleicht wollen wir sie nicht wahr haben, weil wir über kein Heilmittel gegen sie verfügen. Das Heilmittel sollten wir erst herbeischaffen.

Grenzen

Früher wurden Grenzen strenger kontrolliert. Heutzutage ist das nicht der Fall. Das bezieht sich nicht nur auf Länder. Auch die einzelnen Personen gehen lockerer mit ihren Grenzen um.

Ich kontrolliere meinerseits meine Grenzen sehr lässig. Ich erteile leicht ein Visum für einen Besuch und verlängere es auf Wunsch.

Es können auch Fälle vorkommen, in denen ich einer Person Asyl gewähre, oder sie dulde. Die illegalen Grenzüberschreitungen bestrafe ich nicht. Ich verständige mich mit den Betroffenen, damit sie oder er freiwillig »mein Land« verlassen. Es kann auch vorkommen, dass ich sie interessant finde, oder mich sogar in sie verliebe. Dann heiße ich sie willkommen!

Verzweiflung

Es gibt Lebenssituationen, in denen du verzweifelst. Du kannst in Bezug auf wesentliche Fragen deines Lebens keine Entscheidungen treffen. Wenn du schärferer hinguckst, gäbe es Entscheidungen, aber sie sind die falschen.

Das heißt, verzweifelt zu sein, bedeute auch, dass du keine falschen Entscheidungen treffen möchtest. Du schließt keine falschen Kompromisse.

Später könnte es vielleicht Möglichkeiten geben, freie Entscheidungen zu treffen. Diese Möglichkeiten ergeben sich nicht nur von alleine. Die Verzweiflung sollte man auch aushalten.

Es gebe Engel unter uns!

Ich begegnete heute einem Engel in der Stadt. Sie verteilte Prospekte. Sie blieb stehen und redete mit einer Frau, der sie gerade einen Prospekt anbot. Von der anderen Seite der Fußgängerzone kam ein weiterer Engel. Sie war, wie der erste, grün gekleidet und trug weiße Flügel.

Passanten nahmen sie so wahr, als würden sie dazugehören. Es gebe Engel unter uns!

Ein offenes System

Ich bin ein offenes System. Das heißt, die Leute kommen rein und gehen raus und sie bleiben, wie sie sind. Ich ändere mich wohl, aber dann komme ich wieder zu mir selbst.

Manche bleiben länger da. Manche bleiben für immer da. Manche schauen hinein, machen sich ein Bild von mir und wenden sich ab. Manche bringen mich aus dem Gleichgewicht. Mit zu viel Liebe, oder mit zu viel Egoismus, die sie mitbringen. Mit der Zeit komme ich wieder ins Gleichgewicht. Ich bleibe, wie ich bin.

Sie fragen, was die Leute da machen. Sie besuchen mich. Sind Sie neugierig? Besuchen Sie mich!

Diese drei Wörter

Sich engagieren. Protestieren. Sich emanzipieren. In meinem Land kämpfte ich für etwas. Und ich kämpfte gegen etwas.

Hier engagiere ich mich für etwas. Protestiere gegen etwas. Emanzipiere mich von etwas. Ich fühle mich dieser Gesellschaft zugehörig und in manchen Dingen habe ich eine oppositionelle Haltung. Ich lebe in diesem Spannungsfeld. Das ist meine Passion.